GERD LEDERLE

SCHÖNE WEITE WELT

LANDSCHAFTEN AUF SEIDE

frechverlag

FISCHERBOOT AUF BORNHOLM
Bild auf Seite 28

An einem schönen Sommertag in einem kleinen Fischerhafen entdeckt man beim Bummeln viele malerische Dinge: Bunte Fähnchen an den Booten, alte Schuppen mit farbigen Fässern, Kisten und Stangen. Reizvoll an diesem Motiv ist der Kontrast zwischen dem weißen Schiff und den roten Häusern im Hintergrund, wobei sich das Weiß in den Hauskanten wiederholt. Der Meeresdunst läßt auch bei schönem Wetter den Himmel leicht blaugrau erscheinen.

Maltip: Malen Sie mit wenig Farbe im Pinsel, können Sie sich fast alle Guttalinien ersparen. Nur das reine Weiß am Boot, an der Reeling und in den Hauskanten wird mit Gutta eingegrenzt. Alle Zeichnungslinien wie die Schiffstaue, die Häuserkonturen oder an den Fahnenstangen wurden mit einem dünnen Ölmal-Borstenpinsel mit fast trockener Farbe zum Schluß eingemalt.
(Seide: Crêpe de Chine 10)

Fotos: frechverlag GmbH + Co. Druck KG, 70499 Stuttgart; Fotostudio Ullrich & Co., Renningen

Materialangaben und Arbeitshinweise in diesem Buch wurden von dem Autor und den Mitarbeitern des Verlags sorgfältig geprüft. Eine Garantie wird jedoch nicht übernommen. Autor und Verlag können für eventuell auftretende Fehler oder Schäden nicht haftbar gemacht werden. Das Werk und die darin gezeigten Modelle sind urheberrechtlich geschützt. Die Vervielfältigung und Verbreitung ist, außer für private, nicht kommerzielle Zwecke, untersagt und wird zivil- und strafrechtlich verfolgt. Dies gilt insbesondere für eine Verbreitung des Werkes durch Film, Funk und Fernsehen, Fotokopien oder Videoaufzeichnungen sowie für eine gewerbliche Nutzung der gezeigten Modelle.

Auflage: 5. 4. 3. 2. 1. | Letzte Zahlen
Jahr: 2001 2000 1999 98 97 | maßgebend

© 1997

ISBN 3-7724-2200-4 · Best.-Nr. 2200

frechverlag GmbH + Co. Druck KG, 70499 Stuttgart
Druck: frechverlag GmbH + Co. Druck KG, 70499 Stuttgart

Alle Bilder dieses Büchleins entstanden auf meinen Reisen. Natürlich nicht direkt vor Ort. Dazu ist die Technik der Seidenmalerei nicht geeignet. Um schöne Motive festzuhalten, benutze ich außer einem richtigen Skizzenblock auch meine Kamera. Eigene Fotos erinnern am besten an die Stimmung des Lichts, die Atmosphäre und den Charakter einer Landschaft, so wie ich sie selbst erlebt habe. Hieraus sind über Bleistiftskizzen die Seidenbilder entstanden.

Beim Betrachten dieser Bilder erinnern Sie sich bestimmt an einige bei Ihren eigenen Urlaubsreisen liebgewonnene Landschaften. Ich hoffe, daß meine Motive Ihnen behilflich sein können, auch Ihr persönliches Urlaubsbild zu malen.

Dabei müssen Sie sich nicht genau an die Vorlage halten. Lassen Sie weg, was zu schwierig ist. Malen Sie in Ihren Farben. Vergrößern Sie die Vorlagen, und versuchen Sie es auch mal in einer anderen Technik. Gestalten Sie die Motive um für Kissen, Krawatten, Blusen und anderes.

Nehmen Sie meine Bilder als Anregung, aus Ihren eigenen Urlaubsfotos Ihr Lieblingsmotiv auf Seide zu gestalten.

Ich wünsche Ihnen gutes Gelingen und viele beglückende Stunden beim Malen.

ARBEITSHINWEISE

Das Aufspannen der Seide

Die meisten Entwurfszeichnungen auf den Vorlagenbogen sind für einen Passepartoutausschnitt von 18 cm x 24 cm vorgesehen. Der Seidenmalrahmen dazu sollte das Innenmaß von ca. 20 cm x 24 cm haben; bei den auf den Seiten 28, 29 und 32 gezeigten Motiven mindestens 30 cm x 40 cm. Die Passepartouts dieser drei Bilder passen in einen 40 cm x 50 cm großen Bilderrahmen.
Verwenden Sie beim Aufspannen nur an den vier Ecken Dreizackstifte. Die Zacken der Stifte können einzelne Fäden im Gewebe verziehen, was im Bildbereich unschön aussehen würde. Befestigen Sie mit einem Kreppklebeband die Seide oben und seitlich auf der Rahmenleiste. Dann folgen die beiden gegenüberliegenden Seiten, wobei Sie beim Festkleben die Seide so richtig straff spannen können. Achten Sie auch hierbei auf einen genau rechtwinkligen Fadenverlauf. Damit das Kreppband beim Bemalen der Seide nicht feucht wird und sich dadurch wieder ablöst, ist es zweckmäßig, eine Guttalinie entlang an der Innenkante des Rahmens zu ziehen (siehe Skizze 1 auf dem Vorlagenbogen).

Das Übertragen des Motivs

Kopieren Sie das Motiv vom Vorlagenbogen, und befestigen Sie es mit zwei kurzen Klebestreifen auf der Rückseite der Seide. Hinterlegen Sie die Vorlage mit einem Buch oder einem dicken Holzbrett so, daß Sie auf der Vorderseite die durchscheinenden Linien mit einem weichen, spitzen Bleistift auf der Seide nachzeichnen können. Keine Angst, die Bleistiftlinien brauchen nicht mehr entfernt zu werden und stören später nicht, sie gehören mit zur Bildgestaltung. Auch viele Aquarellmaler lassen die Vorzeichnung in ihrem Bild mitwirken.

Hinweis:
Für die Motive in diesem Buch ist Erfahrung im Seidenmalen nützlich.

Das Malen

Je nach Gewohnheit und Übung im Umgang mit den Seidenmalfarben können Sie bei allen Konturen oder nur teilweise mit Guttalinien arbeiten. Malen Sie doch mal ganz ohne Guttalinien, nur mit Trocken-naß-Begrenzungen. Dazu brauchen Sie einen Fön.
Bei vielen dieser Bilder wurde Gutta verwendet, und zwar glasklare, wasserlösliche, die sich nach dem Fixieren wieder herauswaschen läßt. Alle Bilder wurden mit dampffixierbaren Farben gemalt.
Wenn Sie sämtliche Konturen zuerst mit Gutta nachziehen, erhalten Sie nach dem Malen ein Bild mit weißem Gitternetz. Um das zu vermeiden, gehen Sie wie folgt vor: Zuerst werden nur die später weiß bleibenden Flächen mit Guttalinien umgrenzt. Jetzt malen Sie die Bildteile mit den allerhellsten Farbtönen. Die Farbe kann auch etwas in die angrenzenden dunkleren Bildteile hineinlaufen. Nach dem Trockenfönen wird die Begrenzungslinie zum nächstdunkleren Ton gezogen, der anschließend aufgemalt wird. Verfahren Sie so bis zum dunkelsten

Ton, Ihre Guttalinien erscheinen nach dem Herauswaschen in vielen Farbabstufungen und ergeben ein harmonisches Gesamtbild.

Beim Malen der dunkleren Töne ist es leichter als bei den helleren, mit Naßtrocken-Kanten zu arbeiten. Sie können sich dabei viele Guttalinien ersparen. Mit wenig Farbe im Pinsel und etwas Übung wird es Ihnen gelingen.

Denken Sie immer daran, daß alle Farbflächen im Bildaufbau mehr oder weniger strukturiert sein sollen. Sie malen dafür die Farbe verlaufend, nützen die Naß-in-Naß-Technik mit ineinander verlaufenden Farben aus, waschen mit Alkohol aus, malen Strukturen auf schon trockene Bildteile oder streuen Salz auf noch nasse Flächen, die Bäume, Erde, Blattwerk, Wiesen oder ähnliches darstellen sollen – es gibt viele Möglichkeiten, Strukturen zu erreichen.

Das Einrahmen Ihres Bildes

Rahmen Sie das fertig fixierte Bild wie ein Aquarell auf Papier, es wirkt am besten im Passepartout hinter Glas im Holzrahmen. Die meisten Vorlagenzeichnungen passen in einen Passepartoutausschnitt von 18 cm x 24 cm. Im Handel erhältliche Holzrahmen in den Größen 28 cm x 35 cm oder 30 cm x 40 cm haben meist Passepartouts mit dieser Ausschnittgröße. Wenn nicht, ist ein Passepartout aus Tonkarton schnell mit dem Cutter ausgeschnitten.

Zum Einrahmen muß die Seide glatt aufgespannt sein, entweder auf Karton oder Selbstklebefolie.

Aufkleben auf Karton

Auf einen weißen Karton im Passepartoutformat zeichnen Sie mit einem harten Bleistift in einer dünnen Linie den Ausschnitt an. Legen Sie jetzt Ihr Seidenbild so darauf, daß das Motiv in den angezeichneten Ausschnitt paßt. Befestigen Sie es oben und seitlich mit Kreppklebeband. Achten Sie genau auf den rechten Winkel: Mit jeweils einem Klebestreifen an den beiden gegenüberliegenden Seiten ziehen Sie das Bild beim Festkleben glatt (siehe Skizze 2 auf dem Vorlagenbogen).

Aufkleben auf Selbstklebefolie

Am besten verwenden Sie Lampenschirmfolie oder Selbstklebepapier. Beim Aufkleben verfahren Sie genauso wie beim Karton.

Da die Folie auf die Rückseite Ihres Bildes kommt, legen Sie das Bild mit der Vorderseite nach unten auf eine Glasplatte und befestigen es mit Kreppklebeband. Schneiden Sie die Klebefolie allseitig 1 cm größer als Ihren Bildausschnitt zu. Drücken Sie nun die Folie, mit der Klebeseite nach unten, in abrollender Bewegung auf das Seidenbild. Mit Cutter und Lineal schneiden Sie an der inneren Klebestreifenkante entlang das Bild heraus (siehe Skizze 3 auf dem Vorlagenbogen).

Damit das aufgeklebte Bild nicht wellig wird, befestigen Sie es nur am oberen Rand der Passepartoutrückseite mit einem Klebeband.

DIE GRIECHISCHE INSEL SANTORIN

Diese Vulkaninsel wird von Touristen geradezu überschwemmt. Die beiden schönsten Orte, Thíra und Oia, bieten nicht nur für das malerisch geschulte Auge eine wahre Fundgrube an reizvollen Motiven. Es fasziniert jeden, wie die meist strahlend weißen Häuser in ihren typischen Formen im interessanten Wechselspiel zwischen geraden, eckig gebrochenen und geschwungenen Linien auf steilem Felsen wie angeklebt wirken. Unterbrochen wird dieses Häusergewirr von unzähligen Gassen, Gäßchen und noch mehr winkligen Treppenwegen. Dazwischen leuchten die blauen Kuppeln vieler Kirchen.

Die Farbe Blau kommt auch an vielen Fensterrahmen, Türen und Haussockeln vor.
Die Häuser in Thíra sind meistens weiß und wirken von weitem so, als würde Schnee auf den Felsen liegen. Auch die flachen und die tonnenförmigen Dächer sind weiß gekalkt. Es sind fast keine Ziegeldächer zu sehen.
In Oia, an der Westspitze der Insel, entdeckt man zwischen dem vielen Weiß auch einige pastellfarben angemalte Häuser. Hier steht auch die alte malerische Windmühle.

 *Die vielen weißen Flächen werden zuerst mit feinen Guttalinien begrenzt, bevor die hellen Wandtöne gemalt werden. Begrenzen Sie dann diese Töne zu den nächstdunkleren hin. Der Himmel ist die dunkelste Fläche und wird erst zum Schluß gemalt. Das südliche Licht wird im Kontrast zum kräftigen Himmel erzielt. (Seide: Pongé 08)*

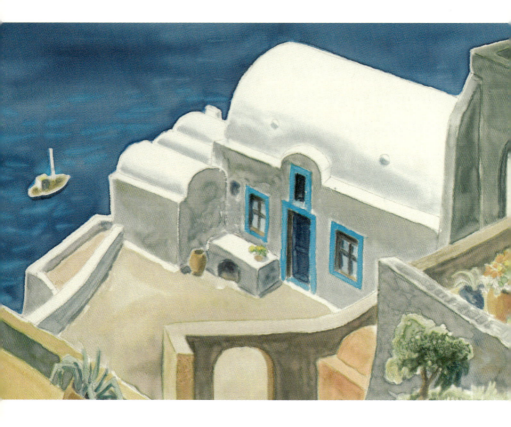

FISCHERHAUS AUF SANTORIN

In dem kleinen Ort Oia stehen viele Häuser wie dieses direkt auf der Kante eines steil abfallenden Felsens. Der Blick geht hinunter auf das tiefblaue Wasser der Ägäis. Dem Auge, auf das gleißende Sonnenlicht eingestellt, erscheint das Meer dunkel und geheimnisvoll im Gegensatz zu den lichten Farben der sonnigen Terrassen.

 *Die Guttalinien entlang an der äußeren Kante der Häuser zum Meer hin und um das Fischerboot müssen sorgfältig gezogen werden, weil die Wasserfläche einen sehr intensiven Farbauftrag erhält. (Seide: Pongé 08)*

HAFENKAPELLE AUF KRETA

Eine der vielen kleinen Kapellen der Insel steht bei Agios Nikolaos direkt am Strand.
Das bunte Fischerboot, das hier an Land gezogen wurde, bildet einen klaren Kontrast zu dem in der südlichen Sonne strahlenden Weiß der gekalkten Mauern.
Die scharfen dunklen Schatten erhöhen noch die Leuchtkraft dieses herrlichen Sommertags.

 *Im Dachbereich der Kapelle wird mit äußerst verdünntem Blau die Rundung angedeutet. Die Mauerkanten sind nur durch die Bleistiftstriche erkennbar. (Seide: Pongé 08)*

DIE „BLAUE SCHEUNE"
AUF DER INSEL HIDDENSEE

Wer die Insel Rügen bereist, muß unbedingt auch die kleine Insel Hiddensee kennenlernen. Von diesem herrlichen, autofreien Stückchen Erde, von der Ostsee umgeben, geht eine Ruhe aus, die wir in unserer Zeit nur noch selten finden. Dazu strömt ein vom Meeresdunst milchig gedämpftes Licht über Strand, Heide und Steilküste, das schon immer viele Maler anzog. Nach dem ersten Weltkrieg bildeten Berliner Maler hier eine Künstlerkolonie. Von den Literaten war es vor allem Gerhart Hauptmann, dessen Werk von dieser Landschaft beeinflußt wurde.

Die „Blaue Scheune" ist eines von vielen reetgedeckten Häuser im typischen Stil der deutschen Küstenländer.
Das tief heruntergezogene Dach aus dem heimischen Naturmaterial vermittelt ein Gefühl von Wärme und Geborgenheit. Blaue Farbe ist dort Tradition, diesmal auf der Wand. Fenster und Gartenmauer sind weiß abgesetzt. Besonders beliebt sind in den kleinen Vorgärten Malven, hier in den Tönen Hellorange bis Dunkelrot. Die Bäume sind meist windzerzaust.

MalTip Das Dach wird zuerst flächig mit einem ganz leichten Ockerton grundiert und getrocknet. Darauf malen Sie in mehreren Arbeitsgängen mit einem nicht allzu nassen, spitzen Pinsel die Schilfstruktur. Beginnen Sie mit Hellbraun, und steigern Sie bis Grüngrau. (Seide: Pongé 08)

IN DEN SCHWEDISCHEN SCHÄREN

Nördlich von Göteborg beginnt eine sehr abwechslungsreiche Küste, eine Inselwelt von besonderem Reiz. Manche Inseln sind groß und grün, kleinere sind mit Heide bewachsen, und sehr viele ganz kleine Inselchen bestehen nur aus kahlen, abgerundeten Steinen. Dazwischen ergeben sich viele malerische Blicke.
Gegen das Licht der untergehenden Sonne zeichnen sich die Schären besonders scharf im hell glitzernden Meer ab. Nur die vom Licht getroffenen oberen Kanten der Inseln leuchten in rötlichen Tönen.

Typisch für Schweden sind die roten Holzhäuser mit den weiß abgesetzten Kanten. Der etwas ins Rostrot gehende Farbton läßt sich in diesem erzreichen Land besonders günstig herstellen. Boote und Anlegestege sind häufig anzutreffen, weil viele Schweden auf irgendeiner Schäreninsel ein Sommerhäuschen besitzen.

Der farbige Himmel wird naß-in-Naß verlaufend gemalt. Noch vor dem Trocken setzen Sie mit spitzem Pinsel in die hellste Stelle einen Tropfen Alkohol, der die Sonne kreisrund auswäscht.
Die Wasserfläche muß getrocknet sein, bevor Sie die farbigen Spiegelungen aufmalen. Die hellen Stellen waschen Sie mit Alkohol aus. Beachten Sie dabei immer die Richtung der Wellen. (Seide: Pongé 08)

SCHLOSS LÄCKÖ IN SCHWEDEN

Auf der Spitze einer Halbinsel, die weit in den Vänernsee hineinragt, steht dieses prächtige Schloß, dessen heutiges Erscheinungsbild aus dem 17. Jahrhundert stammt.
Die Nachmittagssonne läßt dieses Bauwerk in seinem reinen Weiß erstrahlen. In Schwedens klarer Luft erscheinen alle Farben leuchtend und scharf in Licht und Schatten getrennt. Alles ist zum Greifen nah, nichts verschwimmt im Dunst. Das Bild hat klare Konturen.

Das Blau des Himmels ist in der Wasserspiegelung viel intensiver als im Himmel selbst. Die rund abgeschliffenen Steine sind aus einem rötlichen Granit.

MalTip — *Guttalinien sollten Sie hier nur zwischen sehr starken Hell-Dunkel-Kontrasten ziehen, zum Beispiel um Dächer und Fenster. Das Gras im Vordergrund legen Sie zuerst in hellerem Grün an. Nach dem Trocknen gestalten Sie die im Schatten liegenden Wiesenteile mit fast trockenem Pinsel in verschiedenen dunkleren Grüntönen.*
(Seide: Pongé 08)

STOCKHOLM

Eine lange Kaianlage, der Norra Mälarstrand, beginnt am Rathaus. Hier haben vielfarbige Schiffe, meist alte Kutter, festgemacht. Sie dienen einem bunten Völkchen als Hausboote. Es ist ja auch eine hübsche Stelle vor der Kulisse der Altstadt.
Maler sind immer wieder fasziniert von im Sonnenlicht liegenden bunten Booten.

Der besondere Reiz liegt in den aneinander grenzenden relativ glatten Farbflächen in Verbindung mit der graphischen Struktur der Masten und Taue, die das Bild durchziehen.

MalTip

Die feinen Linien der Taue lassen sich mit einem dünnen Spitzpinsel mit fast trockener Farbe ziehen. Wenn Sie sich das nicht zutrauen, zeichnen Sie die Linien mit einem Farbstift in das fertige Bild. Kleine Korrekturen mit einem anderen Farbmaterial stören noch lange nicht den Charakter der Maltechnik. Ebenso können Sie die unbedingt notwendigen Glanzlichter, die Ihnen beim Malen zugelaufen sind, nachträglich mit Deckweiß aufsetzen, wie hier bei den Wellen vor dem weißen Bug. (Seide: Pongé 08)

BAUERNHOF IN WÜRTTEMBERG

Besonders reizvoll an diesem schwäbischen Hof ist die Staffelung der einzelnen Gebäude, die wohl alle aus verschiedenen Bauzeiten stammen. Das hintere Haus hat ein massives Untergeschoß aus Stein, das mittlere ist ganz aus Holz, während vorn das kleine verputzt ist. Die Fachwerkbalken bringen einen grafischen Akzent in das Motiv. Die Aufteilung in kräftige Licht- und Schattenpartien geben dem Bild räumliche Tiefe.

Wie schön, daß in vielen solchen Höfen noch Platz ist für einen kleinen Vorgarten und prächtige Blumenkübel.

MalTip *Grundieren Sie für dieses Bild die Seide großflächig mit einem sehr verdünnten, leicht gelblichen Farbton. Bei den Flächen hinter dem Fachwerk wird noch stärker verdünnt; sie sollen ja weiß erscheinen. Die Grundierung hemmt die danach aufgetragenen Farben am Fließen. Sie können jetzt ohne Gutta arbeiten.*
(Seide: Crêpe de Chine 10)

IN GRINDELWALD IN DER SCHWEIZ

Ein klarer Herbsttag läßt noch einmal alle Farben aufleuchten. Im Schatten der Berge und Gletscher herrscht Blau in vielen Varianten vor. Die Bäume bilden in ihren gelben bis rötlichen Tönen einen starken Kontrast dazu. Ein brauner Haus, ein brauner Zaun fügen sich harmonisch in die Herbstfarben der Natur ein, die nur von den fröhlichen Farbtupfern der letzten Blumen unterbrochen werden.

Der Herbst ist die große Zeit der Maler, die das milde und doch farbige Leuchten in der Landschaft einfangen.
Auch in Ihrer Heimat vergoldet sicher die Herbstsonne viele schöne Motive. Schießen Sie ein paar Fotos davon! Wenn Sie dann an grauen Wintertagen Ihre Bilder danach malen, bleiben Ihnen die schönen Herbsttage noch lange erhalten.

 *Dieses Bild wurde ganz ohne Gutta gemalt. Das geht! Zuerst müssen Sie die ganze Fläche naß-in-Naß mit äußerst verdünnter Farbe grundieren, jede Bildpartie in entsprechendem Grundton. Geföhnt sind die Farben kaum noch erkennbar. Sie haben nun einen Malgrund, auf dem die Farben nicht so leicht fließen. Wenn Sie jetzt die richtige geringe Farbmenge im Pinsel haben, können Sie sogar zwischen einzelnen Bildteilen helle Lichtkanten stehen lassen. (Seide: Pongé 08)*

HAFEN VON NAFPAKTOS IN GRIECHENLAND

Der Betrieb auf der Fähre über den Golf von Korinth ist hektisch. In den Gassen der kleinen Hafenstadt herrscht buntes Gewimmel. Aber der Hafen selbst ist von südländischer Gelassenheit, so richtig zum Verweilen und In-die-Sonne-Blinzeln. Die Mauern und Türme lassen die einstige Bedeutung dieses befestigten Hafens erahnen, seine große Rolle, die er in der Geschichte gespielt haben mag.

Heute beherbergt er meist Sportboote, auch sieht man mal einen Fischer seine Netze trocknen. Im Farbenspiel der südlichen Sonne herrschen die sehr hellen, lichten Ockertöne vor, selbst im Himmel. In scharfem Kontrast dazu stehen dunkle Zypressen und sattgrüne Pinien. Die nahe gelegenen Berge verschwimmen zur Silhouette. Ein Angler unterstreicht die stimmungsvolle Ruhe.

 *Das Mauerwerk des rechten Turms wird mit Grau- bis Brauntönen Stein für Stein auf eine hell grundierte Fläche gemalt. Die entstehenden Trockenränder bilden die Mauerfugen. Ein Bleistiftstrich genügt für die Angelschnur. Malen Sie den Angler mit fast trockenem Pinsel auf den hellen Hintergrund. (Seide: Pongé 08)*

LANDHAUS IN DER MARK BRANDENBURG

Berlins Umgebung birgt viele malerische Seen, die über die Spree durch Kanäle mit dem Boot zu erreichen sind. Was lag für wohlhabende Berliner näher, als sich an einem idyllischen Uferplatz ein Landhaus zu bauen! Dabei entstanden ganz unterschiedliche Stilarten. Bei diesem Haus standen wohl ein wenig Schwarzwald und ein wenig Schweiz Pate. Hauptsache, man fühlt sich unter dem heimeligen Walmdach wohl.

Im reich bepflanzten Garten steht ein riesiger Rhododendronbusch in voller Blüte. Er ist schon über den Zaun hinausgewachsen.

MalTip Grenzen Sie die weißen Bildteile und die spitzen Blätter im Vordergrund auf jeden Fall mit Guttalinien ein. Die Blätter werden vorher hellgrün grundiert. Bei allen anderen Bildteilen kommen Sie ohne Gutta aus, wenn Sie mit wenig Farbe im Pinsel arbeiten.
Die Blüten im Vordergrund werden mit Hellrosa grundiert, dann mit Rosa bis Rot weitergemalt. Das Grün wird kleinflächig dagegengesetzt, teilweise mit Salzstrukturen. Zum Schluß bearbeiten Sie Blüten und Blätter mit Alkohol. (Seide: Pongé 08)

SCHWÄBISCHES DORF

Es ist Spätherbst. Die abgeernteten Felder erscheinen wechselweise in erdigen Farbflächen. Die Bäume sind bis auf ein paar letzte gelbe Blätter kahl. Die Hausgiebel werden von der tiefstehenden Sonne hell beleuchtet. Nur das Gras zeigt noch grüne Farbe.

MalTip *Bevor der Himmel oben in Blau und unten in Blaugrau gemalt wird, ziehen Sie mit reinem Wasser den Wolkenschleier ein. Fönen Sie rechtzeitig, bevor der weiße Streifen wieder zuläuft. Die Wiesenflächen erhalten Salzstruktur. (Seide: Crêpe de Chine 10)*

BRETONISCHE KÜSTE

Der Wind prägt den Charakter dieser Landschaft. Alles duckt sich vor der Macht der vom Atlantik oft heranbrausenden Stürme. Steinmauern schützen die Felder.

Zwischen den Steinen findet man eine Vielfalt von Blumen, bunte Farbflecken in der sonst überwiegend grauen Landschaft.

 *Auf die hell grundierten Steine malen Sie in verschiedenen dunkleren Tönen die Schattenseiten. Steine sind unregelmäßig! Überlassen Sie die Abgrenzung zum Licht mehr oder weniger dem Zufall. Verwenden Sie bei den Sträuchern viel Salz. (Seide: Pongé 08)*

FISCHERBOOT AUF BORNHOLM
Beschreibung Seite 2

BAUERNHAUS AUF USEDOM

Der Lieper Winkel ist eine reizvolle Landschaft auf der Insel Usedom mit kleinen verträumten Dörfern. Hier findet man alte Bauernhäuser wie dieses blaue mit üppigem Garten.

Mal Tip *Die blühenden Sträucher im Vordergrund bestehen aus lauter kleinen Farbklecksen. Beginnen Sie mit dem hellsten Farbton, zum Schluß wird mit Alkohol getupft. (Seide: Crêpe de Chine 10)*

KRAWATTEN UND KISSEN

Hier sehen Sie am Beispiel des Santorin-Bildes von Seite 6, daß das gleiche Motiv auch für ein Kissen und eine Krawatte verwendet werden kann.

Hat man sich erst mal in die Formen und Farben eines Motivs hineingearbeitet, erleichtert die Wiederholung das Malen. Allerdings müssen bei den unterschiedlichen Formaten Bildteile ergänzt, weggelassen oder teilweise schmaler gezeichnet werden. Für Krawatten können Sie auch Einzelteile aus Motiven herausnehmen, auf ein schmales Format umzeichnen und vielleicht auch farblich anders gestalten. Die Boote auf der abgebildeten Krawatte wurden dem Bild „Stockholm" (Seite 16) entliehen.

Der üppig blühende Bauerngarten auf dem Kissen rechts oben würde auch als Wandbild gut wirken. Wollen Sie ein rechteckiges Format, ergänzen Sie rechts und links ein paar Blumen.

HÄUSER IN DER PROVENCE

Eng stehende, oft recht hohe Häuser sind typisch für Südfrankreich. Entsprechend reizvoll ist die Dachlandschaft. Hier strahlen in der Abendsonne die römischen Ziegel in warmen Ockertönen.

 *Auf dem vorgrundierten, sehr hellen Ockerton benötigen nur die linke Hauswand und die hellen Dachflächen Guttabegrenzungen. Mit Alkohol werden Strukturen auf Wänden und Dächern herausgearbeitet. (Seide: Pongé 08)*

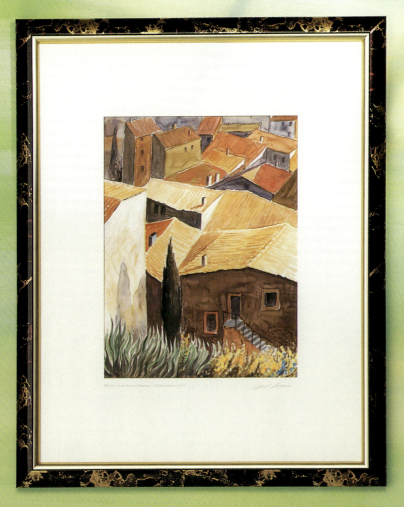